AF268068

DES

PROCHAINES ÉLECTIONS.

DES
PROCHAINES ÉLECTIONS.

PAR

M. Oliv.-Fr. DE VILLEMARSAIS.

PARIS,

CHEZ LES MARCHANDS DE NOUVEAUTÉS.

1817.

AVANT-PROPOS.

L'ÉPOQUE des élections ne saurait être éloignée. Cette époque est décisive ; les bons et les mauvais citoyens y mettent également leurs espérances.

Appelé aux importantes fonctions d'électeur, je me suis considéré comme dépositaire d'une portion du salut public. Cette pensee me faisait un devoir d'étudier la loi nouvelle, d'en pénétrer l'esprit, d'en supputer les effets, surtout de rechercher si, parmi les moyens d'exécution, il ne s'en trouvait point quelqu'un qu'elle aurait abandonné à notre sagacité ou à notre vertu.

J'offre au Public, j'offre surtout à ceux qui partagent le dépôt dont je m'honore, quelques réflexions que cette étude m'a suggérées ; ils accueilleront, je l'espère, ce tribut d'un homme qui n'écrit po·nt pour séduire, qui vit depuis long-temps étranger à toute coterie, comme à toute ambition, et qui serait demeuré volontiers inconnu, s'il n'eût jugé qu'un honnête homme ne doit pas craindre de signer ce qu'il ne craint pas de publier.

DES

PROCHAINES ELECTIONS.

———

LES jours de la réconciliation générale brillent enfin pour nous. Une grande pensée s'anime et se meut, si j'ose le dire, et découvre, en se développant, tous les trésors qu'elle recélait dans son sein. Le plus beau droit du citoyen n'a plus d'entraves ; la liberté publique s'élève appuyée sur la propriété, défendue, affermie par la légitimité, qui lui communique, en la protégeant, sa force et sa durée.

Il était reçu qu'une bonne loi sur les élections était la chose impossible ; opinion décourageante, si la plus simple de toutes les expériences ne l'eût démentie : mais des expériences plus savantes, au premier coup d'œil, semblaient l'autoriser. On avait reconnu que le système des équivalens affaiblissait le principe, en substituant des valeurs idéales à des valeurs réelles : or, le principe une fois affaibli, d'atténuation en atténuation, il n'y a pas de raison pour qu'il se conserve. On avait reconnu que le système des deux degrés, outre qu'il n'était, en effet, qu'un système d'exclusion, renfermait à lui seul plus de vices que tous les autres, contraire à la lettre de la Charte, contraire à son esprit, attentatoire aux droits explicitement reconnus par elle, et voisin de ce système incendiaire qui déplaça la source de tous les pouvoirs, afin de les anéantir. On ne savait point sortir de ce cercle des colléges électoraux, que les despotisme élargissait ou étrécissait à son gré. En un mot, exclure ou admettre arbitrairement, c'était l'unique alternative. Accoutumés à ces législations pleines de lacunes, cadres grossiers et mesquins, inventés pour recevoir tout ce qu'on y voudrait insérer, nous avions peine à nous faire une idée de cette législation forte, solide, homogène, qui défend tout ce qu'elle n'ordonne pas, et ne souffre point que des lois de circonstances, entées sur elle, viennent l'étouffer en l'enveloppant. Enfin, après bien de vains efforts et de stériles tentatives, on s'est aperçu que l'on cherchait bien loin ce qu'on avait sous les yeux; et le Gouvernement du Roi, pour proposer une bonne loi sur les élections, n'a eu qu'à proposer l'exécution stricte et littérale de la Charte.

Un noble pair a vu dans la loi nouvelle une institution à la fois monarchique, aristocratique et démocratique; et, en cherchant à prouver cette assertion en détail, il a prouvé plus que cette assertion : car, à considérer en elles-mêmes chacune de ces abstractions que la géométrie politique a réalisées, il serait impossible qu'une même loi convînt à toutes, surtout quand cette loi constitutive, élémentaire, est la racine de toutes les lois. Celle-ci est éminemment une loi d'union, et le plus beau monument de la civilisation perfectionnée. Il faut le dire : les *Capite censi* de Rome, ni les deux mille nobles de l'ancienne Suède, ne se seraient accommodés de ses dispositions tutélaires; et c'est pour cela qu'une nation éclairée, libre et soumise, y trouvera son bonheur et sa force.

Chaque législation porte l'empreinte du siècle qui l'a vue naître et du pays qu'elle régit. La plupart ont un caractère de désordre et de confusion qui décèle des influences rivales. Toutes, en général, manquent de cohérence, et paraissent moins une conception unique, que le produit fortuit de plusieurs conceptions disparates. La législation française, venue la dernière et dans le plus haut période de la civilisation, et toute marquée du sceau de son Royal auteur, ne saurait avoir plus d'un esprit et d'un caractère ; mais elle roule sur deux pivots, qui sont l'égalité politique et la propriété. Dans l'égalité politique, l'homme trouve une image et une compensation de l'égalité primitive, et la nature est satisfaite. Dans la propriété, l'État trouve une garantie contre le retour de cette égalité primitive, et l'ordre s'établit : l'une est la force du citoyen, l'autre est la vie de l'Etat. Propriété sans égalité, ce serait la hiérarchie des biens au mépris des hommes ; égalité sans propriété, ce serait l'indépendance de chaque homme au mépris des intérêts de tous. Tel est le cercle hors duquel rugissent les tyrannies populaires, et s'entortillent les tyrannies féodales.

Il n'est pas de nation libre qui n'ait rendu hommage à la propriété, cet élément capital de tout Etat qui veut vivre : mais un hommage outré est un faux hommage. On a pu se faire une idée, en lisant les anciens, de ces comices par centuries, où, suivant l'expression du plus éloquent de nos publicistes, la majesté du peuple romain se déployait toute entière. Mais que l'on daigne comparer, avec la noble simplicité de nos institutions, les 193 degrés établis par Servius-Tullius, et que l'on prononce. Le législateur a commencé, parmi nous, à définir l'unité de mesure; il l'a définie d'après la dignité de l'Etat, la division des terres, la circulation des capitaux mobiles. Cette unité est de rigueur; tout ce qui l'excède est de luxe. Ici la loi découvre son esprit : ce n'est point un culte qu'elle fonde pour la richesse, c'est une garantie qu'elle demande pour l'indépendance. Si elle fondait un culte pour la richesse, comme la loi romaine elle multiplierait les rangs ; mais elle ne veut qu'un gage ; et ce gage une fois obtenu, elle abandonne le reste à la pente naturelle des choses. Que si l'on arguait contre cette doctrine, de la supériorité du gage exigé pour la députation, je répondrais qu'ici comme là, il s'agit uniquement de l'indépendance, mais de l'indépendance dans des relations plus élevées, et où la confiance serait mise à un plus haut prix.

Il est, je le sais, des âmes nobles qui répugnent à posséder un droit qui n'est point le
partage de tous : placées au faîte des grandeurs
humaines, on dirait qu'elles aspirent à descendre, pour communiquer à tous leur grandeur. Un noble pair s'est affligé de ne pouvoir
étendre à un plus grand nombre la faculté d'élire; et de tels regrets, exprimés dans une telle
assemblée, ne sont pas une médiocre apologie
du siècle et du pays où nous vivons. Mais représentons-nous une assemblée de freemen,
ou d'électeurs à quarante schellings de rente ;
transportons-nous par la pensée au milieu de
cet encan public de suffrages, où la vénalité a
son cynisme autant que l'intrigue; osons appeler ces saturnales du nom de comices : c'est
là que l'avarice calcule ses prodigalités; c'est là
que des hommes, résolus de se vendre, achètent des hommes qui font à leur insu les conditions d'un autre marché. La multitude, accourant en foule aux naumachies de César,
ignore qu'elle n'a d'autre prix à donner, pour
toutes ces magnificences, que sa liberté; elle
ignore que César ne mettrait point ses patrimoines au pillage, s'il n'acquérait ainsi le droit
de vendre pour six mille talens, à Ptolémée, un

titre de roi. Il faut le dire hautement, la multitude fut toujours mauvaise gardienne de ses droits. Et cet ancien (1) avait raison, qui disait aux tribus assemblées : « Taisez-vous, Romains; je sais mieux que vous ce qu'il vous faut (2) ».

Il manque souvent peu de chose à une mauvaise institution pour devenir bonne. Supposez, dans l'ancienne Pologne, cette hérédité du trône, que les publicistes et le bon sens conseillaient en vain, et, d'un autre côté, abaissez la barrière féodale qui s'élevait entre le noble et le serf, grossissez enfin la cité de tout ce qui a un gage à lui donner; et concevez tout ce que pourra, sous un Roi légitime, pour l'unité de l'Etat, pour la fusion de ses élémens, ce corps animé d'un même esprit, enflammé d'un même zèle, trop aristocratique dans ses fonctions pour être opprimé, trop démocratique dans ses sources pour être oppresseur : le génie

-----

(1) Scipion-Nasica.

(2) *Tacete, quæso, quirites; plus enim ego quàm vos, quid reipublicæ expediat, intelligo.*

(Val. Max)

s'est emparé de l'ébauche, et l'ébauche est de-
venue un modèle.

Il y a long-temps qu'on nous reproche de
manquer d'esprit public ; et, il faut l'avouer,
parmi les bouleversemens des fortunes, des
gouvernemens, des législations, nous avons
fait comme une troupe de voyageurs qui serait
surprise par la tempête : chacun a cherché un
réfuge pour soi, laissant aux autres le soin
d'en faire autant pour eux. L'esprit public est
enfant de l'ordre, il lui faut des règles et des
habitudes : si ces règles sont fausses et ces habitudes criminelles, il existera bien un esprit
public, mais ce sera celui des Flibustiers. Heureusement les secousses qui se sont succédées,
autant que les traditions qui nous sont restées,
ont empêché ce genre d'esprit public de pren-
dre racine chez nous ; le véritable ne fait que
de naître, mais tout nous répond de sa durée.
Ne pensons point que ce soit des journaux ou
des pamphlets qui le suscitent ou l'entretien-
nent : le sentiment de la justice, voilà sa lumière ; le sentiment du bonheur, voilà sa
flamme. Je me figure, avec une joie civique,

cette chaîne immense formée des mêmes intérêts, des mêmes besoins, des mêmes devoirs.
Je vois les pensées généreuses et les doctrines
salutaires circuler, comme sa substance propre,
dans ce vaste corps qui peut grossir indéfini-
ment sans jamais se déformer, qui tire sa force
de la loi, et qui prête à la loi une nouvelle
force.

Ceci sert de réponse à la proposition d'une
double élection, fondée sur un double système de mœurs, de travaux et d'intérêts. L'habile orateur qui avait tenté de renouveler l'ancienne division des tribus en tribus urbaines
et en tribus rustiques, pouvait aussi appeler en
témoignage le peuple moderne de qui tous les
autres ont appris le chemin de la liberté ; car
aussi bien que Rome, l'Angleterre a ses deux
tribus de citoyens ; mais il faut se souvenir que
partout, hors chez nous, la civilisation a hé-
rité de la barbarie. Toutes les combinaisons appartiennent à la première ; mais la dernière ré-
clame toutes les créations. Ce ne seraient que
des conseils imparfaits ceux que nous obtien-
drions d'un autre siècle et d'un pays étranger.
Mais que parlé-je d'étranger, maintenant que

ce nom n'est plus européen ? Serait-ce donc au milieu de cette coalition de toutes les industries, que nous nous obstinerions à les opposer l'une à l'autre ? Serait-ce quand tout autour de nous tend à s'unir, que nous nous diviserions de nous-mêmes ? De la sauvage Néva au Tibre poétique, du populeux Archangel à la magnifique Palerme, tous les esprits s'entendent et se répondent ; et nous, spectateurs insensibles des efforts du genre humain vers une éternelle paix, nous établirions au milieu de nous un foyer de guerre ! Quand tout se rapproche et se confond dans un intérêt commun, d'un seul intérêt nous en formerions deux ! Et, pour ne point parler de ces harmonies trop malheureusement reléguées parmi les rêves des sages, l'esprit public sort à peine de ses retraites ; il ose, à la vérité, se montrer quelquefois, mais sous l'égide royale, mais incertain encore et froissé par des résistances et des tortures. Est-ce le temps des épreuves qu'un tel état de faiblesse ? Et ce qu'il aurait peine à supporter dans sa virilité, le lui imposeriez-vous aux premiers momens de sa renaissance ? Ce sont là sans doute les seuls motifs qui ont pu balancer l'ascendant d'une éloquence justement admirée.

Rien ne s'oppose plus maintenant au dévelop-
pement de nos forces. Nous allons donner à
l'univers le spectacle de cette noble France
dans toute sa majesté. On verra ce que peut,
sur un peuple industrieux et libre, et, quoi
qu'on en puisse dire, généreux et grand, la
confiance de son Roi légitime. Par une sage
combinaison, les termes de chaque série sont
indistinctement pris dans la totalité des départemens, c'est-à-dire que le nord et le sud , par
exemple, ne s'éleveront pas seuls au milieu de
tout le reste immobile; mais que les électeurs,
distribués plutôt que disséminés sur la surface
de la France, la dessineront aussi bien que si
toutes les séries l'occupaient à la fois. Ainsi les
contrées voisines de celles qui seront appelées
pourront observer de près ces essais, et s'ins-
truire peu à peu dans la pratique de la liberté,
bien autrement difficile que la théorie; car, il
faut le dire, nous avons jusqu'ici beaucoup
parlé de nos droits, mais nous ne savons pas
ce que c'est que d'en faire usage. Nous l'allons
apprendre des autres et de nous-mêmes, ac-
teurs et spectateurs, disciples et modèles tour-
à-tour ; et même, dès sa première apparition,
l'esprit de liberté ne traversera pas les contrées

qui n'ont point encore éprouvé son influence immédiate, sans y laisser quelque trace d'ordre et de sagesse.

La Nation commence son éducation politique : voici le moment d'étudier les ressorts de ses pouvoirs.

L'un de ces ressorts est simple, manifeste, homogène : c'est la condition légale du droit d'élection. L'autre est plus savant, plus compliqué, plus secret : c'est le jeu des influences. Les influences commencent où finit l'égalité de fait ; elles ne sont point la puissance, mais elles sont mieux que la puissance : c'est la nature qui les institue, mais c'est la raison qui les règle. Elles subjuguent, mais sans caprice ; elles dominent, mais sans violence : peut-être seraient-elles une sorte de despotisme moral, s'il n'en existait de plus d'un genre. Mais autant le cœur humain a de fibres, autant elles ont de sources, et de lois, et de formes diverses. Il en est d'augustes qui arrivent à vous avec un appareil religieux ; il en est de brillantes qui naissent d'un charme naturel, d'une magie qu'on aime ; il en est de nécessaires qui sont le prix de l'industrie heureuse, ou de la culture perfectionnée, ou d'une sage économie : auxiliaires quelquefois et plus souvent rivales l'une de l'autre, elles se divisent, se combattent, se balancent non seulement sans danger, mais avec fruit pour la liberté ; c'est à la liberté qu'elles s'adressent pour déterminer le jugement ; et le tribunal, et le juge, et la loi, tout est dans vous-mêmes.

Comme notre droit politique est essentiellement fondé sur la propriété, il est naturel que la grande propriété exerce la première influence. C'est une chose qu'on n'a pas besoin d'écrire dans les livres, elle est écrite dans le cœur des hommes ; elle ne pourrait s'en effacer qu'avec les douces habitudes et les souvenirs de l'enfance, et tout ce qui donne du charme et du prix à la vie. Le grand propriétaire n'a plus de vassaux, mais il a des amis, dont il sera toujours le patron, tant qu'il ne voudra pas être leur maître : je ne sais ; mais il me semble qu'il n'a rien perdu. Quelque petit orgueil murmurera peut-être contre un ascendant qu'il est condamné, malgré lui, à subir. Et qu'importent.ces murmures à la véritable grandeur? Que lui importe une liberté cynique qui lui rend témoignage, ne fût-ce que par l'étonnement qu'elle inspire ? Alexandre se crut-il moins grand, parce qu'il fut bravé par Diogène? Pour être égaux par la loi, deux hommes ne le sont point dans la société civile, qui se compose d'inégalités. La loi n'envisage que l'homme politique, elle n'embrasse que l'existence politique; et cette existence est un point, un moment : hors de là tout est d'un autre ordre, tout obéit à d'autres règles. Pour fonder un droit, la loi devait fixer une limite; mais elle n'a pu détruire, en la fixant, des limites plus anciennes et plantées sur un autre terrain.

Après cette influence, qui, dans l'ordre des choses, les a précédées toutes, je n'en connais point de plus utile, de plus efficace, de plus respectable en soi, que celle de l'industrie. Les poètes ont, de tous les temps, rivalisé d'efforts et de grâces, pour chanter les pasteurs, et leurs douces mœurs, et leurs occupations utiles, et leur innocente vie : c'est dans les champs qu'ils ont placé l'âge d'or. C'est là, disent-ils, que la justice, en quittant la terre (1), a laissé ses dernières traces. Mais le travail et l'économie ont aussi leur dignité : il y avait quelque vertu dans ces chantiers, où l'héritier d'une vaste monarchie allait apprendre les arts qu'il devait enseigner à ses sujets. Le premier qui creusa un arbre, pour aller à travers les mers demander à un pays étranger ce qui manquait au sien, ne rendit pas un moins bon office à l'humanité, que le premier qui dessécha un marais ou défricha une lande. C'est une image patriarchale que celle d'un propriétaire opulent visitant les vastes domaines qu'il a fécondés et les chaumières qu'il a bâties, et recueillant sur son passage les bénédictions d'un peuple simple et heureux ; mais c'en est une imposante aussi, que celle d'un sage négociant ou d'un fabricant habile, environné d'une multitude laborieuse dont ses ateliers sont la patrie. Si la propriété rurale offre des garanties plus certaines, la propriété industrielle en offre, si j'ose le dire, de plus sociales. On lui doit compte de son incertitude

---

(1)   *extrema per illos*
Justitia excedens terris vestigia fecit.
                                        (Virg.)

même, qui tient à la concurrence et à l'audace des spéculations.

Ce n'est point une disposition indifférente que celle qui réunit les électeurs dans le chef-lieu de leur département. D'abord ils tirent du lieu même cette leçon, qu'ils n'appartiennent point spécialement à un canton, qu'ils ne représentent point spécialement le village où ils sont nés ; leçon précieuse dans un temps où de vains systèmes de pouvoirs municipaux et provinciaux sont venus amorcer toutes les ambitions du bas étage. Ce n'est pas tout : il est dans l'ordre que le chef-lieu du département renferme plus de lumières, et par conséquent qu'il offre plus de ressources contre l'esprit de parti. Là se forme une autorité nouvelle, à laquelle peu d'autorités usurpées résistent. On déclamera tant qu'on voudra contre les grandes villes, mais leur suprématie sur les campagnes est incontestable et nécessaire ; car la barbarie durerait encore sans elles. La raison, dans les villes, est plus avancée : on y goûte mieux ce qui est beau et utile ; on y pratique plus la tolérance, la première de toutes les vertus, peut-être ; on y est meilleur juge en toutes choses.

J'aborde une objection pénible. Parmi les influences que vous avez caractérisées, dira-t-on, il en est une qui n'entrera point dans de certains esprits, ou qui n'y entrera que pour être repoussée. Les titres des électeurs attestent des sources diverses : un grand nombre de ces titres a quelque chose d'hostile envers les autres. Pensez-vous que les choix ne se ressentiront point de ces différences ? Est-il naturel de confier ses intérêts à qui les voit d'un œil jaloux, et de se livrer sans réserve à ceux dont on craint les souvenirs ? Je veux cependant que la justice l'emporte sur l'antipathie, et les convenances sur les calculs. Qu'auront fait alors les électeurs dont nous entendons parler, si ce n'est de fournir des armes contre eux-mêmes ? Quelque parti qu'ils adoptent, justes ou intolérans, généreux ou méfians, il ne peut rien s'en suivre qui ne porte l'empreinte de ces luttes sourdes dont la France est déchirée. Je ne crois pas avoir affaibli l'objection.

On n'aura pas de peine à la résoudre en l'examinant de près : car les esprits ombrageux sont comme les enfans timides ; pour les guérir de leur terreur, il faut les rapprocher de l'objet. Celui-ci vu de près, que devient-il? Quelle intelligence humaine suivra la trace de la propriété primitive, à travers toutes les transformations qu'elle a subies? Quelle puissance arrachera de notre constitution les intérêts nouveaux qui tiennent à elle par de si fortes, de si profondes, de si nombreuses racines? Que craindriez-vous de celui qui tenterait de rendre à son ancien site un terrain que les débordemens auraient emporté sur l'autre rive? Mais ce n'est pas assez de prouver que les anciens intérêts ne combattront point les nouveaux; je me sens la force de prouver qu'ils en peuvent devenir les soutiens. Ici je marcherai d'un pas ferme; car j'ai la nature et l'expérience pour guides.

Il semble à quelques tristes visionnaires qu'une barrière éternelle s'élève entre des Français et des Français, et que, pour avoir été jetés par la tempête des révolutions sur des rivages opposés, toute alliance nous soit à jamais interdite. Ne faisons point cette injure au cœur humain de croire qu'il ne puisse jamais se guérir de la haine que par la vengeance. Je sais qu'un grand poëte a dit :

> Lorsque deux factions divisent un empire,
> Chacun suit au hasard la meilleure ou la pire....
> Mais quand le choix est fait on ne s'en dédit plus (1).

Il peut en être ainsi tant que les partis sont véritablement en présence. Mais qu'il survienne telle combinaison qui les appelle à des fonctions communes, qui, sans pouvoir éliminer tous les intérêts particuliers, crée néanmoins des intérêts identiques, ne conçoit-on pas que la solution change avec les données ? Examinez tel homme dans une condition, examinez-le dans une condition différente ; le reconnaîtrez-vous ? Qui rendit Thomas Becquet l'implacable ennemi d'Henri II, de son plus fidèle ami qu'il était auparavant ? Sa dignité épiscopale. Qui rendit tant de papes si contraires aux souverains mêmes qui les avaient élevés au trône pontifical ? Ils étaient papes. On trouverait autant d'exemples d'amitiés inspirées par des situations nouvelles. Dans les troubles qui marquèrent la minorité de Louis XIV, Turenne

____

(1) Corneille, *Sertorius*, acte III.

et Condé, frondeurs et courtisans tour-à-tour, défendent avec une même ardeur ce qu'ils ont combattu. Telle est la nature des choses, que l'esprit et le langage d'un homme ne sont le plus souvent que l'esprit et le langage de sa position ; il semble qu'il se dépouille de lui-même, et change de nature en changeant de rôle. Si cet écrit, destiné à calmer les ressenti-mens et à réunir les esprits, ne repoussait par son objet toute allusion que le lecteur pourrait rendre maligne, on y comparerait le langage et les doctrines de tel de nos orateurs, à son langage et à ses doctrines dans des époques assez rapprochées ; et ce serait peut-être là moins un trait de satire qu'un éloge, du moins si je ne m'en rapporte à l'un des écrivains de l'antiquité qui a le mieux connu la science des gouverne-mens. Un homme d'Etat ne doit point, selon lui, tenir toujours une même route (1). Ainsi ne craignez point que, pour n'avoir pas entièrement les mêmes intérêts, votre mandataire

----

(1) *Numquam enim præstantibus in republicâ gu-bernandâ viris laudata est in unâ sententiâ perpetua permansio.*

(Cic. ad Fam., lib. I, ep. 1.)

trahisse vos intérêts. Non , je connais bien ma nation; il trahirait plutôt les siens. Il y a, dans le cœur de tous les hommes , un sentiment qui les porte à s'identifier avec ceux qui se sont faits leurs cliens; mais il y a surtout, dans nos mœurs, une dignité qui repousse toute action basse; et la trahison est la plus basse , la plus infâme de toutes.

Ce que j'ai dit des hommes nouveaux, par rapport aux anciens, s'applique aux anciens par rapport aux nouveaux : car l'homme n'a pas deux natures.

Je ne terminerai cependant point cet écrit, sans présenter quelques idées qui me paraissent en harmonie avec les besoins de l'Etat, et par conséquent avec le sentiment du Chef de l'Etat et de ses membres. Je vais toucher une corde délicate. Mais faut-il chercher des détours pour exprimer ce que l'on sent bien? Et la vérité est-elle donc si dangereuse de sa nature, que l'on doive craindre de la montrer, quand on a la conscience de l'avoir trouvée ?

J'envisagerai notre état sous deux aspects, cherchant le bien par une double route. De part et d'autre , j'aurai des écueils à signaler peut-être : car c'est le propre de la politique de marcher toujours entre des écueils.

Un grand crime est venu suspendre le cours de nos prospérités ; il a éclaté comme la foudre, sous un ciel sans nuages. La patrie, au milieu de toutes ses espérances, lorsqu'elle s'avançait rajeunie dans sa nouvelle carrière, s'est vue tout-à-coup repoussée vers un abîme sans fond ; elle y serait restée pour jamais engloutie, sans la protection de ce cœur royal inépuisable en miséricordes. Il ne peut être ici question des traîtres qui l'ont précipitée de si haut : jusque dans nos dernières générations, leur nom sera un opprobre, et leur souvenir une douleur. Je veux parler de deux classes d'hommes ; l'une, que l'intérêt public repousse, l'autre, qu'il n'admet point encore. La pusillanimité des uns a coupé les nerfs de l'Etat ; les erreurs des autres ont égaré sa force. Les premiers participèrent au crime en ne l'arrêtant pas ; les autres, en le combattant avec de fausses armes. Troupeau timide, les premiers se laissèrent conduire par l'habitude, ou la peur, ou l'exemple. Spéculateurs audacieux, les autres, poursuivis par l'expérience, se retranchèrent dans la théorie ; amis dangereux de la patrie, qu'ils séparaient de son chef, pour n'adorer qu'une abstraction. Quant aux premiers, est-on digne de défendre la cause qu'on a laissé trahir ? Et quant aux seconds, pour faire le bien suffit-il de le vouloir ? Ce n'est pas que nous prétendions contester les droits ni des uns, ni des autres : ces droits sont légitimes ; ils sont indestructibles. Comme de deux abus on doit préférer le moindre, entre une élection scandaleuse et une exclusion arbitraire, je ne balancerais pas : car le scandale porte en soi-même son remède, et rien n'est fécond comme l'arbitraire. Un jour viendra, j'aime à le croire, où, grâce à la royale Providence qui nous a sauvés de nous-mêmes, toutes nos blessures seront fermées pour ne se rouvrir jamais. Alors, dans un profond sentiment de bonheur, viendront se perdre les souvenirs de toutes les fautes, excepté ceux qu'il faudra garder comme des monumens et des leçons. Ce jour se prépare; il s'avance : chaque instant nous rapproche de lui. Ne conspirons pas avec nos ennemis pour le retarder. Que les hommes qui n'ont pas su se montrer forts, sachent au moins se montrer justes; que ceux qu'une fausse vertu a séduits, justifient leur caractère par une généreuse abnégation. S'ils ont aimé véritablement leur pa-

trie, après avoir fait à son bonheur tant d'inu-
tiles sacrifices, ils ne lui refuseront point le seul
qui lui puisse être profitable ? Confondus dans
les rangs des électeurs, ils y exerceront paisi-
blement un droit légitime, sans ambitionner une
fâcheuse influence. La confiance, qui se livre
d'abord sans frais, se fait acheter quand elle s'est
vue négligée ; et ce n'est pas peu de chose que
d'y pouvoir aspirer deux fois. Enfin, si la liberté est la force des peuples, le sentiment des
convenances est leur sagesse ; et la force, sans
la sagesse, dure peu. Quel triste et douloureux
contraste ce serait, que tant de bienveillance.
d'un côté, et tant d'ingratitude de l'autre ?
Cette image d'un vieillard auguste, forcé, par
les lois mêmes qu'il nous a données, à des rela-
lations amères ; condamné, par ses propres
bienfaits, à des dégoûts journaliers, pourrait-
elle plaire à des cœurs français ? Libres par lui,
heureux, ou du moins entourés des moyens de
l'être, serait-ce à nous de troubler la tardive
sérénité de ses jours ? Ah ! ne lui rendons pas
l'inquiétude pour la paix qu'il nous a donnée !
En mesurant ce qu'il a fait pour nous, appre-
nons ce qu'il nous reste à faire pour lui. Nous
sommes Français; nos choix doivent être français; c'est-à-dire, qu'ils ne doivent tomber que

sur des amis du Roi et de la patrie. Le Roi et la patrie, ce sont là nos deux grands intérêts, nos deux grandes affections. Malheur à nous, si nos mandataires séparaient l'un de l'autre. Il nous faut des hommes qui comprennent bien leur étroite union, de ces hommes purs et vraiment forts, dont la pensée n'a pas cessé un moment, durant nos tempêtes, de se tourner vers le sauveur de l'Etat, mais non point pour faire divorce avec lui, depuis qu'il nous a rendu le calme. C'est un parti qu'on ne sait point caractériser, parcequ'il n'a point de bannière, et je sais de quel œil la foule stupide le contemple; mais je sais aussi que c'est de son côté que se trouve la raison, et que, par la force irrésistible des choses, doit se trouver le succès.

J'entre dans un autre ordre d'idées, pour arriver au même but : car il ne peut exister ici plus d'un but.

Les adjonctions extraordinaires n'ont heureusement plus lieu ; et du règne toujours inquiet de l'arbitraire, nous passons enfin sous le joug paisible de la loi. Mais on se souvient encore dans les départemens de ce règne de l'arbitraire : on sait qu'il prit une forme régulière, comme pour se légitimer ; on l'a vu se

glisser d'une partie de l'administration à l'autre, contenu par la loi même qui l'instituait,
mais enhardi par le zèle, qui se croyait un bon
interprète de la loi. Une arme a été confiée à
des mains inhabiles; et, dans de telles mains, elle
a pu frapper à faux. Ceci n'est point une assertion vague : les ministres eux - mêmes ont reconnu l'abus; ils en ont souffert plus d'une fois.
Leur sagesse a mis un frein à des fougues dan-
gereuses : ce sont eux qui nous l'apprennent;
et, certes, on ne récusera pas un témoin qui
dépose en quelque sorte contre lui-même : car
il semble que c'est déposer contre soi - même
que d'annoncer l'impunité d'une faute, quand
on peut d'un mot la réprimer. Quoique la loi
nouvelle laisse moins de pouvoir à ces mêmes
hommes, elle leur laisse encore du pouvoir. Ce
sont eux qui statuent provisoirement sur la
teneur de la liste des électeurs. La disposition
même qui empêche qu'ils ne soient élus par le
département qu'ils administrent, toute sage,
toute juste qu'elle est, aux yeux du faux zèle,
serait encore un moyen de succès, puisque les
témoins d'un procédé tyrannique n'en pourraient devenir les juges. J'ajouterai une chose.
Sous un administrateur sage, les élections seront sages : sous un administrateur turbulent

ou oppresseur, elles pourraient n'être qu'un œuvre de parti. On sait trop ce que l'homme sacrifie de vérités à un sentiment, et comment, au fond du cœur, plein d'amour pour une cause, il se plaît quelquefois à la trahir par dépit, par caprice, par un de ces mouvemens secrets dont il n'ose pas s'avouer à lui-même la source. Une époque solennelle s'ouvre devant nous : qu'aucun nuage n'en attriste l'aurore. Si les hommes dont l'opinion publique a prononcé l'arrêt (en supposant qu'il existe de tels hommes) connaissent bien ce qu'ils doivent à leur prince, à leur pays, ce qu'ils se doivent à eux-mêmes, ils se feront justice, au lieu d'attendre qu'on fasse justice d'eux. Ce ne serait point annoncer des intentions pures, que de placer le Gouvernement dans l'alternative d'une tolérance condamnable, ou d'un éclat dangereux : il vaut mieux remplacer un mérite par l'autre, et sortir avec honneur d'un poste qu'on n'a pas su remplir avec sagesse. S'il en était cependant qui s'obstinassent à méconnaître cette voix impérieuse de l'honneur et du devoir, trop jaloux de quelques avantages toujours frivoles pour des cœurs généreux, au prix des grands intérêts de la patrie : où la raison n'aurait pu se faire entendre, ce serait à l'autorité d'agir. Je n'ignore pas quelle foule de considérations on jetera au-devant du coup, pour l'éluder ou l'amortir. Mais on ne compose point avec le salut de la patrie : partout où il se montre, il commande. Les élections seront-elles le fruit des ressentimens particuliers, ou des opinions épurées et indépendantes? C'est la question, et cette question est celle de notre existence. Il implique de procéder à un œuvre par des moyens directement opposés à cet œuvre, et vous réussirez mal à bâtir un édifice avec des ouvriers qui s'efforcent d'en ruiner les fondemens.

On aurait tort d'induire de ces paroles que je me fais l'accusateur des ministres; je ne suis ni accusateur, ni enthousiaste. Dans le dédale de nos changemens politiques, il est bien peu d'hommes pour qui le rôle d'accusateur ne soit pas un prélude au rôle d'accusé; et l'enthousiasme nous a coûté trop cher une fois, pour en essayer encore. Je dis hardiment ce que je crois être le bien, parce que je me sens intéressé au bien. Je le dis avec la franchise d'un homme qui n'a ni le besoin de flatter, ni le désir de fronder.

Le Gouvernement du Roi a beaucoup fait; il a fait peut-être plus que les temps où il s'est vu placé ne semblaient le permettre. Tout n'est pas encore ce qu'il doit être. Mais est-ce unique-

ment par l'éloignement du but, qu'il faut esti-
mer l'habileté du navigateur ? Et le point du départ n'est-il pour rien dans ce calcul ? Or, du
point de départ au point où nous en sommes,
quelle distance immense ! D'affreuses ténèbres
cachaient l'avenir à nos regards : il se montre
déjà ; il nous laisse deviner, sinon découvrir sa
pompe. Il ne tient qu'aux ministres que cette
perspective enchanteresse ne soit pas une vaine
illusion : eux-mêmes se sont tracé la voie, qu'ils
ne l'abandonnent jamais. D'un et d'autre côté
sont des abîmes, il est vrai ; mais la gloire est
au bout. Dans cette glissante carrière, la gloire
est la récompense ; la patrie et l'Europe sont les
juges, et le guide, c'est la pensée du Roi. Con-
fidens de cette pensée auguste, qu'ils ne perdent
jamais sa lumière de vue ; qu'ils continuent de
servir la légitimité, cette source majestueuse de
la liberté publique, et la liberté publique, ce
fruit précieux de la légitimité ; qu'ils appuient
nos institutions nouvelles sur les bases du trône
d'où elles sont émanées, afin que l'amour du
peuple ne cesse point d'être la sauve-garde du
Prince. Interprètes de la plus haute sagesse qui
fut jamais, ils doivent à la France les fruits de
cette sagesse ; ils lui doivent la fin de tous les

dissentimens, la prospérité de l'industrie, le retour de ces temps heureux qu'il est dans la destinée des Bourbons de nous donner ou de nous rendre. S'il se pouvait que nos espérances fussent trompées ; si quelques hommes, s'interposant entre le Roi et son peuple, venaient, au nom de l'un ou de l'autre, arrêter les efforts de tous deux vers un même objet ; s'ils abusaient de l'autorité du père commun, pour opprimer ses enfans : ce n'est pas contre lui que s'élèveraient nos plaintes ; ce n'est pas à lui que nous imputerions des malheurs qu'il éprouverait plus vivement que nous-mêmes ; objet sacré de vénération et d'amour, tout ce qui nous blesse lui est étranger, tout ce qui nous console vient de lui. Mais nous dirions à ses ministres : ce n'est point accomplir les volontés du Roi que de les accomplir à-demi. Responsables envers lui et l'Etat, vos agens étaient responsables envers vous : pensez-vous éluder la souveraine justice de l'opinion, parce que vous avez souffert qu'on éludât votre justice ?

FIN.

ADRIEN EGRON, IMPRIMEUR

DE S. A. R. MONSEIGNEUR DUC D'ANGOULÊME,
rue des Noyers, no. 37.